AF573351

CHRISTINE BUSTA

DER REGENBAUM

CHRISTINE BUSTA

Der Regenbaum

GEDICHTE

OTTO MÜLLER VERLAG

2. Auflage 1995

ISBN 3-7013-0522-8

Satz: Fotosatz Rizner, Salzburg
Druck und Bindung: Wiener Verlag, Himberg

Dieses Buch gehört vor allen anderen Menschen
Rudolf Felmayer
dem Freund und dem Dichter

Was hilft's, daß ich dies Buch in deine Hände lege,
wenn ich dir jenen Mond nicht geben kann,
der, als ich's fand, grün über alternden Fassaden
in einem frühen Abendhimmel hing.

Nie könnt ich jenes regenbogenfarbne Wunder,
das als ein zarter Lichtkreis ihn umschwebte,
mit meinen armen Worten dir beschreiben. Ruht's nicht
in meinen Augen noch als Doppelbild?

Verzaubert bin ich. Immer trag ich Wirklichkeiten,
die keiner sieht, im Herzen unverloren;
sie werfen fremde Schatten über meine Tage.
Unsagbar bleibt die Seele wie der Mond.

VERWANDLUNG

Ich niste tief im grauen Regenbaum:
die Regenzweige hängen um mich nieder,
das Regenlaub rauscht laut in meine Lieder,
sing ich denn noch? Es singt ja nur der Baum.

Verschollen tief im Regenwurzelraum
hockt Stadt und Land, gehn Menschen hin und wider,
und trübe Flüsse wälzen ihre Glieder;
es träumt die Welt den schweren Regentraum.

Doch lautlos aus verhangnem Himmelsraum
stößt jäh der alte Sonnenvogel nieder,
und riesig spreizt er aus sein Glanzgefieder:
im goldnen Schnabel trägt er fort den Baum
und legt als zartes Regenreis ihn wieder
an Gottes siebenfarbigen Mantelsaum.

DER WANDERER

DER WANDERER

Der Apfel ist nicht mein,
der Brunnen nicht vorm Haus,
noch Blume, Kind und Stein.
Ich geh nur ein und aus

mit brüderlichem Wind
in Dorf und Feld und Wald,
und alle Dinge sind
so heilig und uralt.

Mit Regen, Tau und Schnee
fällt Stern und Jahr vorbei
voll Falter, Korn und Reh
ins Lied, dran ich mich freu.

Ich schau die Sonne an:
o Armut, die nicht kränkt!
O, daß ich atmen kann!
Wer hat mich so beschenkt?

AN DAS JAHR

Ließe sich doch deine Fülle erlernen
und deine Demut, die nichts mehr behält
sondern reif unter läuternden Sternen
in die Herbste Erwartender fällt.

Ängstliche sind wir voll Kargheit des Gebens,
die der vergeudete Same schon reut,
den über steinigen Äckern des Lebens
hoffend wir einst in die Winde gestreut.

Du aber wirfst die Frucht aus den Zäunen,
wo der müßige Wanderer geht,
nährst die verachtete Maus in den Scheunen,
labst den Bettler, den keiner lädt.

Wandelst Verworfnes in heiligen Stufen,
scheuchst auch den Schuldigen nimmer im Zorn,
und deine gläubigen Vögel rufen
neues Blühn aus verwittertem Dorn.

JÄNNER

Kristallner Tag im Eiseshauch:
den Horizont färbt goldner Rauch.
Ein Baum steht schwarz im Land und sinnt.
Ob irgendwo ein Quell noch rinnt?
Ob unter graugefrornem Lid
das Aug des Sees von Träumen blüht?
Es schweigt die Welt. Nur Krähenschrei
fliegt über Dorf und Wald. Vorbei
gehn Wandrer in der Abendstund
wie Heilige auf goldnem Grund.

IM MÄRZ

Süß ist die Trunkenheit des jungen Jahrs:
voll Milch des Schnees quillt dunkler Mund der Scholle.
Schon jauchzt der Wald, springt mit dem Bach der tolle
Tauwind durchs Tal hin feuchtverwirrten Haars.

Wie töricht sich die helle Hasel sträubt!
Wo still im Licht die Silberweiden glänzen,
blühn Küsse purpurn unter Veilchenkränzen.
Die Bienen fliegen golden und betäubt.

Und abends tröstet holder Amselmund,
daß wir die Hoffnung wiederum erlernen.
Die Brunnen füllen sich mit milden Sternen.
Ein weiser Mond steigt schön zum Quellengrund.

APRIL

(Meiner Mutter)

Von Regen rauscht und rinnt die Nacht,
daß ich aus Träumen aufgewacht.

So rauscht es nun schon Tag um Tag,
weiß Gott, wie das noch enden mag.

Weiß Gott? Die Amsel weiß es auch:
saß gestern abends naß im Strauch,

und ob die Welt auch schier ertrank,
der Strauch war grün, die Amsel sang.

UNTER LÄRCHENZWEIGEN

Wenn ich im Frühling sterbe, leg mir Lärchenzweige
aufs Herz, daß ihre zärtlich kühle Helle
verdeckt, was du zerstört,
und ruh noch einmal aus auf dieser grünen Schwelle.

Nur scheinbar war zuletzt der Eingang dir verwehrt.

Was stets verleugnet immer dir gehört,
in dieses Dufts unirdisch süßer Welle
ist nicht mehr nötig, daß ich es verschweige.
Und Lieb ist wieder Liebe: ewig unversehrt.

VERSTUMMTER VOGEL

Was weiß des Himmels windbewegte Leere
vom Amselherzen, singend unter Zweigen?
Nie kann der Lichte wurzeldunkler Schwere,
der Schwerelose sich der Erde neigen.

Verschiedenem Gesetz sind sie zu eigen,
dazwischen ziehen Wolken, Sternenheere.
Ein Vogellied wagt sich ins Ungefähre
und fühlt den Raum, bestürzt von jähem Schweigen.

IN DER VOGELDÄMMERUNG

Habt auf fernen Morgenhügeln
ihr die Sonne schon gestreift,
daß euch von betauten Flügeln
soviel holder Wohllaut träuft?

Wie mit goldnen Schnäbeln fingen
Zaun und Hecken, Baum und Strauch
jäh im Dunkel an zu singen,
und die Giebel flöten auch.

Träumend in der Vogelwiege,
Dämmerflaum vorm Angesicht
spür ich, daß ich heimlich fliege,
und im Herzen wächst das Licht.

IM REGEN

Du siehst nur die Nässe, die treibenden Wolken. Ich aber weiß
in den Büschen die süßen Schwärme der Amseln warten
und höre die Erde in Wald und Feld und Garten
mit Millionen Mündern schlürfen die köstliche Regenspeis'.

Dir füllt nun der Strom und der Bach sich mit endloser
Melancholie.
Aber mir klimpert silbern Freude aus vollen Traufen.
Schon seh ich die Rinder an blitzenden Trögen saufen,
und aus Nebeln herwatend hebt herrlich die Sonne das goldene
Knie.

DEM LIEBEN GOTT

Gib mir auf Erden, Herr, nur soviel Raum,
wie Liebende ihn brauchen, still zu ruhn,
und zeige Blumen mir und Tier und Baum,
in lautrer Demut Dein Gesetz zu tun.

Du weißt, der große Sang ist nicht mein Teil,
mein Lied steigt nicht auf rauschendem Gefieder,
es fliegt nur wie ein leichter, goldner Pfeil
nach Deinem Licht und sinkt im Grase nieder:

Am Bach vielleicht, wo – wenn der Abend blinkt –
arglose Rehe ihn mit Staunen schaun,
oder ein Vogel ihn zum Busche bringt
wie einen Halm, damit sein Nest zu baun.

WAS ICH LIEBE

Ich liebe, was gewölbt und rund:
den Korb, den Krug, die Magd, den Mund,

die Schüssel, gut in meiner Hand,
das Brot, den kühlen Brunnenrand,

den Apfel, der vom Baume fällt,
den Mond, die tränenschwere Welt,

die Sichel, die durchs Kornfeld geht,
die hohle Hand, die schöpft und sät,

das Aug, das froh die Dinge schaut,
den Schoß, dem Leben anvertraut,

und alles, was so fromm und still
empfängt und gibt und dienen will.

DER BRUNNEN

Wandrer tranken aus ihm, Bauern, Knechte,
Vieh und Vögel. Keiner trank ihn leer.
Taggestirn und Sonnen vieler Nächte
weihten ihm den Trog. Die Wiederkehr

jungen Jahrs in alte Lindenkronen
leuchtete aus ihm als goldnes Fest.
Falter, die in Purpurbläue wohnen,
windentblößte Nester im Geäst

wiegten sich auf seinem Spiegelgrunde.
Und der Mund am moosumgrünten Rohr
sang den Mägden in verlassner Stunde
Muttertrost der dunklen Quelle vor.

NÄCHTLICHES ERWACHEN

Es ist so still. Im Weinlaub blättert Wind.
Ein Hörnlein Mond hängt silbern in den Fichten.
Vorm Fenster hißt ein Wölkchen seine lichten
Traumsegel. Und vom fernen Turm beginnt
die Mitternacht hin übers Land zu singen.
Unhörbar regnet Schlaf aus Sternenschwingen.

IN EINER MAGDKAMMER

Kein Geschmeide füllt die schmale Truhe,
nur ein buntes, halbverblaßtes Tuch
von der Mutter kargen Lebensfesten
ruht bei Rosenkranz und dunklem Buch.

Tisch und Stuhl. Kein Strauß. Ein reines Lager.
Fremd fast schaut der Spiegel in den Raum.
Draußen steigt der bienenschwere Sommer
golden in den alten Lindenbaum.

Herrisch ruft vom Hof der junge Bauer.
Wandentlang verwirrter Falterflug.
Und im Dämmer unterm braunen Heiland
harrt die Sichel still bei Korb und Krug.

APFELCAPRICCIO

Meine Liebe ist in einen Apfel eingegangen.
Nun liegt sie da und schläft mit roten Wangen
versteckt im Stroh.

Es muß einer kommen und den roten Apfel verzehren,
dann wird ihm meine ganze Liebe gehören.
Und das freut mich so!

UNTER EINER LINDE

Herzlaub, holder Honigmund
summend unter lautern Sonnen!
Süßer quillt der Blütenbronnen
in der goldnen Mittagsstund.

Über Feldern – wie ein Traum –
wächst ein weißer Wolkenrocken.
Stille weht in Silberflocken
hin am bunten Wiesensaum.

Bläue leuchtet wunderbar.
Wind, mit Düften ganz beladen,
löst sich trunkne Bienenschwaden
schläfrig aus verwirrtem Haar.

SOMMERREGEN

Glühend unter hellen Regenschwärmen
lauf ich in den Glanz der blanken Welt,
wenn Musik aus allen Traufen fällt
und im Laub die nassen Spatzen lärmen.

Alles hat mich lieb: die flinken Tropfen
küssen mir die Wangen, Stirn und Mund,
und die Pfützen blicken froh und rund,
triefend kämmt am Zaun mich wilder Hopfen.

Sind die feuchten Wolken fortgeflogen,
schwenkt sein Tüchlein mir der goldne Wind,
daß ich trockne. So wie einst als Kind
staun ich unterm bunten Himmelsbogen.

IM WIND

Röter noch hängt euch, Blüten der Feuerbohne,
ihm in die Locken, wie Falter dem Laube gewährt,
wenn der Tänzer gekrönter Silbermohne,
der Betörte heimlich euch wiederkehrt!

Früchte entblößt euch, wenn der Erglühte lächelt,
dunkler ertön ihm summender Bienenmund,
wo er ruht von goldnen Gräsern umfächelt,
thymianatmend auf entschlafenem Grund.

Abends erwacht er wie verwandelt vom Taue.
Glocken, o singt dem Geliebten! Schon rührt seine Hand
kühl der Wälder violne Schattenbraue,
Sterne zündend über dem Hügelrand.

LOB EINES ALTEN WEIDENBAUMES

Nicht an die Welt, in die geborstne graue Weide
will ich mein Sommerherz, das bienenschwere, hängen,
daß golden aus den toten Narbengängen
die Honigpulse meiner vollen Waben drängen,
dann lobt der Wanderer meinen alten Baum.

Geborgen ist's und schön, im hohlen Stamm der Weide
dem Uferwind, dem starken Gang des Stroms zu lauschen:
das braust und tönt wie Meeresmuschelrauschen.
Wo noch die Wurzeln mit den Wassern Weisheit tauschen,
lobt still mein Baum sein junges Sommerherz.

MEIN GELIEBTER

Mein Geliebter ist der Sommer. Riesig schifft er
auf den Strömen hin und wirft nach beiden Seiten
Sonnengarben in die Felderbreiten
und den Rebenhügeln an die Brust.
Wenn er hingeht, Wiesen um die Lenden,
trägt er Bienenschwärme hoch in seinen Händen
und die Winde schimmern durch sein Haar.

Schön ist mein Geliebter, froh und hilfreich: trifft er
Wandrer oder Bettler, labt er sie mit Birnen,
hängt den Schläfern Laub über die Stirnen,
schenkt den Mägden Kränze bunter Lust.
Die Erschlafften badet er mit Regen,
füllt verdorrte Brunnen neu mit kühlem Segen
und mit Sternen das erprobte Jahr.

Einsam hausen wir zuletzt auf klaren Bergen,
tief in Wäldern. Weiße Wolkenfergen
bringen Botschaft aus gestillter Welt.
Und mit sanften Moosen, reifen Beeren
lehrt er mich, das Innigste gewähren,
bis der Herbst aus meinem Schoße fällt.

BAROCKER HERBST

Nun fliegt der Vögel reisige Gestalt
durch alle Träume. Und die goldnen Ränder
der Abende, der Ströme blaue Bänder
verzehren uns mit leuchtender Gewalt.

Schon sinken rot die rauschenden Gewänder
der Wälder hin. Und honigbraun und alt
blühn Geigen auf. Es stürzen ohne Halt
die Stürme durch verglühte Laubgeländer.

Und Wein und Früchte duften schön umschalt.
Wie riesige Scheunen ruhen rings die Länder.
Auf dunklen Chören thront wie ein Verschwender
der Tod von Orgeln feierlich umstrahlt.

AM KAMMERFENSTER EINES VERSCHOLLENEN

Über das alte Schuppendach wandern andere Wolken.
Drunter duftet das Heu aus einem dir fremden Jahr,
lebt Getier, dem nie deine Hand noch tröstlich war.
Aber die gleiche Mutter hat morgens die Ziege gemolken.

Ob in den Wipfeln noch die liebenden Blicke wohnen,
die du dankbar stillen und windigen Tagen geschenkt?
Dort dein Birnbaum starb von schleichendem Übel gekränkt,
und der Vater humpelt gebückt zwischen blühenden Bohnen.

Manchmal kommt deine Frau in den leeren Elterngarten,
geht umher und horcht nach verschollenen Stimmen im Wind.
Und den Bäumen, die jährlich voll neuer Früchte sind,
klagt sie die furchtbare Treue zum Leben. Die kann nicht warten.

VERSCHLOSSENE ZISTERNE IM FELD

Sie deckten mich mit einem schweren Stein.
Nun hocken sie auf meinem Rand und reden.
Ich höre wohl die Worte eines jeden,
allein es fällt kein Stern in mich hinein.

Schon lang hat mich der Himmel nicht erhellt.
Ich hör nur, wie er niederbricht als Regen,
und meine Tiefe schwappt von schweren Schlägen
des Finstern, das aus offnen Adern fällt.

Die Wasser werden alt und sind nicht rein.
Ich spür die Spinnen auf dem Spiegel weben.
Es morscht das Holz, womit den Stein sie heben.
Wann fährt der durstige Eimer wieder ein?

VERSE ZU DEN GEFUNDENEN DINGEN EINES KNABEN

Die Vogelfeder aus erprobter Schwinge,
aus Halm und Moos ein zartgefügtes Nest
und Pflanzenrunen, magisch eingepreßt
im Stein – glückliches Kind, was immer dir gelinge,
in diesem Fund besitzt du alle Dinge
und kannst von ihnen, was du brauchst, erfahren:
den flugbereiten und den mütterlichen Geist
und jenes Letzte, das versteint die Pflanze weist,
das Wesen im Erlittnen zu bewahren,
verwandelt ganz zum Stern, auf dem du kreist.

DIE SONNENBLUME

Schon senkt das dunkle Auge sie zur Erde
von goldnen Flammenwimpern schön umsäumt,
indes das Jahr die müden Felder räumt.
O reifer Stolz, o Demut der Gebärde!

Die Vögel fliegen gierig ins Gesicht
der Dulderin und lösen ihr vom Grund
die Samensterne. Doch das leere Rund
träumt noch erblindet neuer Sonnen Licht.

TAGEBUCHBLATT

Abends hat lang ein klagender Vogel vorm Walde gerufen,
über die Wiesen ging der Regen mit wehendem Haar,
Keuschlerkinder hockten auf ausgetretenen Stufen
und wir wußten, wie schön und wie traurig das alles war.

Brunnenschwengel hingen geheimnisvoll über dem Lande,
aber wir weckten es nicht, der Erde innres Geläut.
Eine Kröte starrte verzaubert vom Straßenrande
und hinter feuchten Hecken sprach dunkel ein Fremder:
„Heut . . .“

EPILOG SONNTAGS AUF EINEM PERRON

Jetzt schlafen die Drachen, die über den Wiesen flogen.
Bunt war die Erde, der Himmel erfrischend und klar.
In den Abendgäßchen, durch die wir stadtwärts zogen,
roch seltsam nach Feuchte und sterbenden Gärten dein Haar.

Wie hält man das Leben? Wir kommen und gehn. Das Bleiben
ist nur als Frist eines innigen Abschieds gewährt.
Blick und Signal! Und dein Antlitz nickt fremd hinter Scheiben
der Untergrundbahn, die donnernd ins Dunkel fährt.

OKTOBERPARAPHRASE

Die Buchenfeuer ringsum sind erglommen.
Mein Atem fliegt vom Mund in Silberschwärmen.
Die Hunde hör ich hohl im Forste lärmen.
Bald wird der Tag mit roten Frösten kommen.
Wer wird die Vögel und die Bettler wärmen?

Die Buchenfeuer ringsum sind erglommen:
geh in den Wald und bück dich um ein Scheit,
dem kalten Herd des Bruders wird es frommen.

Mein Atem fliegt vom Mund in Silberschwärmen:
werd ich gejagt? Ist es ein Wild, das schreit?
Die Hunde hör ich hohl im Forste lärmen.

Bald wird der Tag mit roten Frösten kommen:
dann starrt in unsre Stuben nackter Neid.
Wer alles gab, dem wird nichts mehr genommen.

Wer wird die Vögel und die Bettler wärmen?
Wem zehrt am Leben Ohnmacht nicht und Leid?
Wer aber liebt und wollte nie sich härmen?

Die Buchenfeuer ringsum sind erglommen.
Mein Atem fliegt vom Mund in Silberschwärmen.
Die Hunde hör ich hohl im Forste lärmen.
Bald wird der Tag mit roten Frösten kommen.
Wer wird die Vögel und die Bettler wärmen?

VAGABUNDENLIED

Mein Freund, die Welt ist voller Vagabunden,
und jeder hält ein Herz im Flaus versteckt.
Der Frechste noch hat heimlich fromme Stunden
und bittre, wo der Wein wie Galle schmeckt.
Wie es auch sei, laß dir das Leben munden!

Nicht jeder hat zur Nacht ein Dach gefunden,
und mancher schon ist auf dem Stroh verreckt,
der auszog, seine Brüder zu gesunden.
Der Teufel weiß, was Gott damit bezweckt:
wir werden hier oft herzlich hart geschunden!

Dem Tod will gern ich Reverenz bekunden,
wann er nach mir die grimmigen Zähne bleckt;
denn früher nicht sind wir der Not entbunden,
als er mit Rasen unsre Unrast deckt:
in seinem Arm verschmerzt man alle Wunden!

Mein Freund, die Welt ist voller Vagabunden,
nicht jeder hat zur Nacht ein Dach gefunden.
Dem Tod will gern ich Reverenz bekunden,
in seinem Arm verschmerzt man alle Wunden.
Wir werden hier oft herzlich hart geschunden.
Wie es auch sei, laß dir das Leben munden!

DER ZAUN

Viel Dunkles geht ergrimmt an ihm vorbei:
der Haß des Bettlers, des Verfolgten Schrei,
der Neid des Nachbarn, der Verleumdung spricht,
und der Rebell mit dem zerbrochnen Licht.

Und drinnen steht ein Wartender verstört,
dem selber nichts als dieser Zaun gehört,
und schaut die Brüder an mit fremdem Graus
und fürchtet sich und kann nicht mehr heraus.

NEBLIGER TAG

Wer ging vorbei? Voll grauem Schweiß der Ängste
sind Zaun und Strauch.
Ein jeder Weg ist hoffnungslos der längste.
O Todeshauch!

Aus Eichenstümpfen starren schwarze Schlangen.
Leer im Geäst
hängt sturmzerfetzt, von Nässe ganz zergangen,
ein Vogelnest.

AUSBLICK UNTER UFERWEIDEN

Die Wasser brauchen viele Tage,
wenn sie vom Quell zur Mündung gehn.
Was ich jetzt nur verhalten sage,
wird reichlicher der Weg gestehn.

Es wächst der Bach, der Fluß im Wandern.
Die Fülle, die dem Meer gehört,
dient unterwegs auch vielen andern
und trägt und treibt und stillt und nährt.

Doch was ihr Durst und Not genommen,
bleibt unverloren in der Welt,
wird aus den Äckern wiederkommen,
aus Wolken, wenn der Regen fällt.

AUF EIN GRAB

Daß du lebtest, daß sich Tage neigten,
still zu blühn in deinem hellen Haar,
Wind und Regen deine Wangen kannten,
o dies alles ist so wunderbar.

Daß nun meiner Nächte liebste Sterne
streng verschlossen unterm Lid dir ruhn,
macht mich stumm. Denn Tränen nicht und Klage
können je dem Schmerz Genüge tun.

Aber daß dein Herz so schön sich schenkte
in der Liebe lichtem Zwiegesang,
leuchtet noch als Trost aus dunklem Leide,
und ich dank es dir mein Leben lang.

VOR DEINEM BILD

Die Jahre ohne dich: was hab ich denn getrieben?
Nun hat das Leben längst dein Antlitz vollgeschrieben
und für mein Zeichen ist darin kein Platz geblieben.

Die Jahre jetzt mit dir lern Zug um Zug ich lesen.
Die Liebe löscht nicht aus. Und läßt sie auch genesen,
die Narben bleiben stehn von allem, was gewesen.

Die Jahre ohne dich: wenn sie einst wiederkommen,
soll, was dein Antlitz lehrt, durch mich den Menschen frommen.
So lang ich leb, hat dich der Tod nicht fortgenommen.

WINTERLIED

O du kühles Schnei'n!
Lichtet sich die Nacht?
Stirn und Wange rührt
mir die Flocke sacht

wie ein reiner Kuß
her aus Himmelshöhn;
o die Liebe macht
uns das Herz so schön!

Und das Leben ist
wie ein Schweben nur,
unter Sternen hin
eine stille Spur,

und der Tod so leicht
wie dies weiße Wehn.
Laß mich dir am Mund
wie Schnee vergehn.

JAHR UM JAHR

Ich beug mich stiller Jahr um Jahr
in Deinen großen Kreis:
die Wasser rinnen alt und klar,
und alles, was ich weiß,

wuchs anders nicht als Halm und Baum
in Deinem reinen Licht.
Die Demut öffnet mir den Raum
und füllt ihn mit Gesicht.

Da fliegen Vögel voll Gesang,
der Sterne Auf- und Niedergang
reift heilig Brot und Wein.

Und manchmal – wie auf altem Schild –
geht streng und schön ein Menschenbild
in Deine Himmel ein.

DAS ZEITLOSE

Die alten Sonnen aber werden kreisen
im Weinberg und der süße Grillensang
bei Nacht uns die verlornen Wege weisen,
Gewässer mit verschwenderischem Fang

die Netze füllen, riesenhafte Mäher
die Felder räumen, strenge Pflüger sä'n.
Und immer werden die vertriebnen Seher
ergraut vor Gram im Staub der Straßen gehn.

Aus schweren Waben wird der Honig rinnen,
und wo die Hügelnarbe grün verheilt,
das Herz der Liebe wieder sich besinnen,
dem Kinde gleich, das singend sich verweilt.

DER VERLASSENE SCHLAFBAUM

Was ist geschehn? In milden und strengen Jahren,
immer kam abends die Vogelwolke dahergefahren
niederknatternd in sein breites, verfitztes Geäst.

Hockt unsichtbar ein Fremder in seinem Stamme,
fichtenbärtig und grau? Oder fraß sich die frostige Flamme
des Ostwinds hin zu den Wurzeln, daß ihn ihr Schlaf so verläßt?

Noch trägt in den Zotten er Flaum aus ihrem Gefieder.
Gemieden friert er und wartet. Aber sie kommen nicht wieder.
Nur der lautlose Mond steigt kalt in sein Wipfelnest.

ARMUT

Ich kann dir keinen Engel dalassen, wenn ich nachts von dir geh.
Nur Gott allein weiß noch, wie alles geschah:
irgendwann hab ich vielleicht meinen Engel gekränkt,
und irgendwo hab ich ihn vielleicht auch verschenkt,
er ist nicht mehr da.

Ich könnte dir nur meine Traurigkeit dalassen, wenn ich geh.
Aber es wohnt ja schon deine genügsam im leeren Haus,
und sie füllt dir die dunklen Stuben und Herzkammern aus
sanft und tröstlich wie die Winterwolke der Schnee.

Was also kann, wenn ich geh, ich dir wirklich dalassen?
Nichts als eine Stunde von meinem Schlaf und den regennassen
Abschiedsweg nach dem knarrenden Gartentor,
ein paar Schritte, die man erst hört, wenn sie fern verhallen,
einen späten Stern, dessen Name mir längst entfallen,
und den Nachtwind singend am wachen Ohr.

SPRUCH INS GRASCHNITZER GÄSTEBUCH

Viele Tische hat das Leben,
aber Hungrige sind mehr.
Lern, beizeiten dich erheben,
ruf vom Zaun den Nächsten her.

Nimm aus seiner Hand den Stecken,
viel zu lang hast du geruht.
Lern, das Recht im Staube schmecken,
denn das Mahl ist nicht dein Gut.

Gnade lud dich zum Verweilen,
Bleiben wird dir zum Gericht.
Manches Brot läßt sich nicht teilen,
lern, dich nähren vom Verzicht.

Alles Gute dieser Erden
ist nur dein zu kurzer Rast,
kannst nur heimberufen werden,
wenn du viel gelitten hast.

DAS ANDERE SCHAF

DAS ANDERE SCHAF

(Zu Johannes X. / 16)

Ich weiß nicht mehr, wann ich zuletzt dich traf.
Es ist mir nur ganz fern im Ohr geblieben,
und irgendeiner hat es sogar aufgeschrieben:
du nanntest mich einmal dein andres Schaf.

Die frommen Lämmer fanden mich stets arg.
Doch keiner hat viel Müh an mich verloren,
und regelmäßig ward ich eines nur: geschoren.
Der Stall war schlecht und meine Weide karg.

Der Wachthund lag beim Feuer, satt, und schlief.
Der Wolf hat nur im fettern Pferch gestohlen.
Sie suchten mich auch nicht und kamen mich nie holen,
wenn ich mich um ein Hälmchen Gras verlief.

So blieb ich eines Tags für immer fort:
ein Schaf, allein und fremd den fremden Tieren,
verirrt und siech, doch immer noch auf allen Vieren
und heimlich hoffend auf dein Hirtenwort.

Nun hat der Winter jede Spur verweht.
Es zischt der Schnee: „Er hat sein Wort gebrochen."
Doch sterbend hör ich, tief in nasses Laub verkrochen,
wie draußen einer unaufhörlich näher geht.

SERMON VOM KAMEL

Tu etwas für deine Seel,
Mensch! Betrachte das Kamel,
wenn du eine grobe Last
durch den Sand zu tragen hast.

Lern, wie bis zum Grund man trinkt,
wenn dir wo ein Wasser blinkt:
denn der Weg ist wüst und heiß.
Wer in sich zu sammeln weiß,
wird ihn leichter überstehn.
Abends wird es kühler wehn.

Trottest du nur zäh und still,
wie's der Treiber haben will,
gehst du ganz von ungefähr
endlich auch durchs Nadelöhr.

AUF EINEM MELKSCHEMEL

(Den beiden Ziegen meines Schwiegervaters)

Die Welt ist klein: ein dumpfer Holzverschlag
voll Dämmerung, ein winziges Viereck Tag
hinaus auf einen steilen Wiesenhang,
ein Himmel Gras verwirrt von Grillensang.
Kein Mond, kein Stern hat je hereingeschaut,
die Nacht bleibt schwarz. Was schwätzt der Bach so laut?

Die Freiheit ist ein Kreis um einen Pflock,
bewacht vom lahmen Keuschler mit dem Stock,
der euch am Strick zurück zum Stalle zerrt
und eure Milch vorm listigen Dieb versperrt.
Er plagt sich mit dem Futter und dem Mist
und ächzt in Armut als betrogner Christ.

Käm' Sankt Franziskus einmal hier vorbei,
er spräch zu Gott: „Sie leiden alle drei."

DER MORGEN DER MAGD

Ihr Schlaf verzichtet auf den letzten blassen Stern.
Sie hat ihn aufgespart mit Fleiß so manches Jahr.
Tritt sie dereinst vor den gerechtesten der Herrn,
bringt ihre Armut einen neuen Himmel dar
voll unverbrauchter Sterne.

Vom kalten Herd verjagt sie uns das Graun der Nacht,
weckt frohe Flammenvögel aus erloschner Glut.
Wenn die Posaune zornig über Gräbern kracht,
facht ihre Treue heimlich Hoffnung uns und Mut
in den zerknirschten Herzen.

Unbeugsam geht sie unterm strengen Eimerjoch,
schafft Tag und Trank ins Haus und Reinlichkeit, die feit.
Sie wacht und übt ihr Amt. Wir aber träumen noch.
Einst trägt sie so die Waage der Gerechtigkeit
am jüngsten aller Morgen.

HENDRICKJE ZU REMBRANDT

Ich hörte heut, wie am Flusse die jungen Mägde sangen.
Da bin ich den Stimmen nach in das Abendlicht gegangen –
du liebst es so sehr.

Ich habe früher alles mit anderen Augen gesehen.
Nun redet die Luft und die Stille, aber ich kann's nicht
verstehen,
das macht mich so schwer.

Wenn du da bist, ist alles gut und ich brauche nichts mehr zu
wissen.
Manchmal hab ich Angst, ich werde noch vor dir sterben müssen,
dann bist du allein.

Du wirst nach mir zwar nicht wie einst nach Saskia verlangen,
ich aber spür noch im Himmel das Müde von deinen Wangen
und weine untröstlich vor Liebe in mich hinein.

DIE SCHWARZE MÜTZE

Du warst nicht da. An einem Nagel hing
die schwarze Mütze, ein geringes Ding.
Stülpst du sie auf dein früh ergrautes Haar,
ergreift's mich jedesmal ganz sonderbar.
Wer fände ärmern Schutz noch für sein Haupt?
Hab ich denn so entäußert und beraubt
zuvor schon einen anderen gesehn?
Fremd in der Welt! Wer soll da mit dir gehn?
Dein Leben ist Entziehung – Schritt für Schritt.
Gott wartet. Bring ihm deine schwarze Mütze mit!

ALTER MARIONETTENSPIELER

Trauer nach vollbrachtem Spiel,
wenn der Vorhang fällt.
Wie verpuppt zu fremden Ziel
ist, was er noch hält.

Falter um die Lampen flirrt.
Kraftlos sinkt die Hand.
Schlaff die Fäden und verwirrt,
zaubrisch, unbekannt.

Hat er es denn je gewußt,
was in ihnen schlief,
wenn in unbedachter Lust
er ein Schicksal rief?

Lautlos steigt's aus offnen Truhn,
hölzernen Gesichts,
ruckt an seinem Herzen nun:
Vorspiel des Gerichts.

ABENDMAHL

Die Müdigkeit ist wie ein Mutterschoß.
Ergreifend liegt das Brot auf meinem Tische,
und im Geöffnetsein der kargen Fische
ist ein Geheimnis, unsagbar und groß.

Der grüne Blick der Katze fordert träg
ihr Teil vom Mahl. Durch dunkle Gassen gehen
jetzt Ungestillte, lieblos übersehen.
Mir fällt noch Licht ins Fenster. Streng und schräg.

VOR DEM EINSCHLAFEN

Dort auf dem Stuhl liegt fremd mein Kleid,
ein Häuflein Schein und Eitelkeit.
Was bleibt vom Tag? Bald bin ich arm.
Genug ist, daß mein Leib noch warm.
Die Wange paßt in meine Hand,
ein Stern äugt her vom Fensterrand.
Ob wohl ein Bruder irgendwo
für mich heut wachen muß im Stroh?
Wer war's, für den ich selbst gewacht
im Finstern manche bange Nacht?
Du Dunkler, der uns alle kennt,
lösch aus den Schmerz, nimm fort, was trennt!
Zukomme uns im Schlaf Dein Reich;
dort mach uns wieder gut und gleich!

EINEM MENSCHEN

Ich kenne keinen, der wie du des Scheins entkleidet.
Auch deine Tugend trägst du nicht als Hehl.
Nackt tritt aus dir die Kreatur und leidet
zerfressen ganz von Güte und von Fehl.

Denn furchtbar wird das Fleisch von seinem Geist gepeinigt.
Durch wieviel Höllen werden wir gesiebt,
bis an der Schuld zum Menschen wir gereinigt?
Nun weiß ich erst, wie Gott den Sünder liebt!

TORSO EINES SONETTS

Ich habe meine Liebe in der Welt versteckt:
ein Vogel hat sie in die Wälder fortgetragen,
die Wolke tönt von ihr an langen Regentagen,
sie wärmt im Schnee, der die zerfurchten Äcker deckt.

Ein fremder Bettler hat sie im Stück Brot geschmeckt,
das ich ihm reichte. Auf dem Armensünderwagen
fährt sie zur Richtstatt und ihr letzter Blick vom Schragen
hat Henker, Büttel und Gerechte aufgeschreckt.

Ich zeugte wider Gott, wollt er dich einst anklagen:
„Herr, seine Blindheit war's, was er in mir zerschlagen;
hat er nicht so mein Herz der ganzen Welt erweckt? . . ."

PARAPHRASE VON DEN SPUREN IM SCHNEE

Im Schnee lief eine Spur von bloßen Füßen.
Sie ging verloren, irgendwo am Straßenrand,
von Schuh'n zertreten, wehrlos, unerkannt.
Nun werd' ich winterlang den Bruder suchen müssen.

Im Schnee lief eine Spur von bloßen Füßen:
wir gingen warm verhüllt durch dunkle Zeit.
Weh uns, wenn wir dereinst den Frost der Herzen büßen!

Sie ging verloren, irgendwo am Straßenrand ...
Wen kümmerts, ist man selber nur gefeit!
Die Flocke schmilzt nicht mehr, denn lieblos ist die Hand.

Von Schuh'n zertreten, wehrlos, unerkannt:
dies ist das Ende. Niemand gibt Geleit.
Ein böser Frost hat alle Tränen längst verbrannt.

Nun werd ich winterlang den Bruder suchen müssen:
vielleicht werd ich am Wege selbst verschneit ...
Wenn Gott uns fände? Ach, nur seinen Saum zu küssen!

Im Schnee lief eine Spur von bloßen Füßen.
Sie ging verloren, irgendwo am Straßenrand,
von Schuh'n zertreten, wehrlos unerkannt.
Nun werd' ich winterlang den Bruder suchen müssen.

EINEM ERFRORENEN SPERLING

Sommers werden die Gassen vom Lärm deiner Brüder schallen.
Die Lilien des Feldes werden schön gekleidet stehn.
Du aber wirst das alles nie wieder hören noch sehn,
denn Einer, der alles kann, wollte: da bist du vom Dach gefallen.

Heut nacht! Es fror. Ich schlief den tiefen Schlaf der Frommen.
Da merkt man nicht, wenn draußen wieder einer stirbt.
Doch Er, der weiß, warum er schont, warum verdirbt,
was hieß er dich nicht an mein Fenster kommen?
Er weiß, ich hätte gern dich aufgenommen.

Ja dich! Doch Er hat Vögel nicht allein und Rehe:
vor Hunger heult jetzt auch der wilde Wolf im Wald.
Hätt' ich denn Mut, zu öffnen jeder Ungestalt,
mißtrau ich nicht der Menschen Not und Nähe?
O, wer verhieß dem Heuchler dreimal Wehe?!

Sperling! So arm und klein liegst du da in meinen Händen.
Doch meine Liebe ist noch viel ärmer und kleiner als du:
hadern will sie mit Gott und macht Türen und Fenster zu
Wieviele noch müssen wie du auf dem harten Schnee verenden?

IN DER DORFKIRCHE

Woanders sitzen sie auf breiten Bänken
bequem vor Gott. Hier kniet sich's hart und schmal.
So zwischen Holz und Holz lernt sich der Mensch beschränken.
Es frommt dem Geist zur Zucht ein wenig Qual.

Wär's nur die Bank allein! Doch das Gewissen
drückt ärger oft. In unsern derben Schuhn
geht manches Unrecht, dran wir heimlich denken müssen,
wenn uns die Hände auf dem Betpult ruhn.

Gott ist kein Rausch, dem wir uns schlaff ergeben.
Er ist ein Herr. Der fordert Dienst und Tat.
Doch manchmal rechten wir mit ihm ums karge Leben,
weil er die Müh so reich bemessen hat.

Er nimmt's nicht krumm, litt selbst als Mensch am Holze
und weiß, wie einer tief in Nöten schreit.
Viel Enge kommt aus uns. Befreit vom falschen Stolze
füllt jeder nur ein Särglein Ewigkeit.

DER ZÖLLNER

Ich hab den Zöllner lieb. Ich will dir sagen,
wie er vom Tempel auf die Straße trat:
das Licht entblößte nur sein Mißbehagen,
sein Gutes schmerzte, weil er's doch nicht tat.

Er litt unsäglich, wenn ein Eseltreiber
mit seinem Stock ins blinde Prügeln kam,
und schämte sich, daß ihm der Gang der Weiber
den Atem und den Arm zum Einspruch nahm.

Und vor den Bettlerhänden eines Alten
schwor er ergrimmt den reichen Prassern Tod
und zählte zögernd in den Beutelfalten:
da langte es kaum noch fürs eigne Brot.

Die Kinder warteten schon. Auf den Stufen
wedelte stumm sein zugelaufner Hund.
Er wollte barsch nach seinem Essen rufen
und mußte lächeln. Er vergaß den Grund.

DAS HÜNDLEIN

(Zu Matthäus XV. / 26–28 und Markus VII. / 24–30)

Ich bin das Hündlein aus dem Neuen Testament.
Ein Hühnerbein, ein magrer Schwanz von Fischen,
ein Brocken Brot fällt immer von den Tischen
der Tafelnden, die man die Kinder Gottes nennt.

Ich bin das Hündlein, das ein jeder Köter kennt,
und das sie zausen, wenn sie es erwischen,
bin Freund den alten Bettlern in den Nischen
und wedle tröstlich, wo ein armes Kindlein flennt.

Wer selber nur verachtet durch die Straßen rennt,
fährt gern den stolzen Heuchlern einmal zwischen
die Beine, wenn sie hinter Sündern zischen,
die Leid und Scham geheim zu Aschenhäuflein brennt.

Ich bin das Hündlein aus dem Neuen Testament.
An allen Ecken sieht man frech mich pissen.
Doch in den Frommen regt sich das Gewissen,
wenn wo ein Weib in Nöten meinen Namen nennt.

DER FREMDE

(Zu Lukas X. / 25–37)

Ich weiß längst nicht mehr, wohin ich reise.
Ich habe vergessen, wer ich bin.
Ich glaube, ich komme aus Samaria,
denn sie zeigen verächtlich nach mir hin.

Sie machen sich nicht gemein mit den andern,
sie streben ins Sichre wie taub und blind.
Ich aber irr auf den Fährten jener,
die unter die Räuber gefallen sind.

Es ist wahr, ich schlafe mitunter in Schenken,
wo die Gerechten niemals zu Gast.
Doch wer Hilfe sucht, pocht an die nächste Türe,
und Sterbende sind eine schwere Last.

Meinen Esel hab ich verkaufen müssen;
die solide Barmherzigkeit forderte bar.
Jetzt labt ums Vergeltsgott uns oft ein Verlorner,
der unter den Wegelagerern war.

Die Menschen haben böse Geschichten,
gesponnen aus Laster, Irrtum und Not.
Daß man sie anhört, um zu verstehen,
ist wohl der Liebe erstes Gebot.

Spät nachts schaut dann manchmal ein anderer Fremder
groß zum Herbergsfenster herein:
„Komm mit! Hier führt die Straße nach Emmaus."
Und am Morgen geh ich wie immer allein.

DER STERNSINGER

Ich bin der Weise Balthasar,
kam früher stets zu drei'n.
Es ist nicht mehr, wie's einmal war,
geht jeder jetzt allein.

Der Kaspar hat mir nie geglaubt,
wenn ich ihn warnen wollt:
jetzt haben sie ihn ausgeraubt
mit seinem dummen Gold.

Die Gabe, die der Melcher trug,
die holten sie sich auch:
nun ist er zwar durch Schaden klug,
doch ohne Ruch und Rauch.

Der Kaspar schämte sich gar sehr,
der schwarze Melcher sprach kein Wort,
und auch der Stern schien längst nicht mehr:
wir tappten so im Dunkeln fort.

Nun trägt die Macht das Goldgeschmeid.
Wo wohnt die Liebe, die erlöst?
Den Weihrauch schwenkt die Eitelkeit.
Haust hier der Schlichte, der uns tröst'?

Verzeiht, daß ich zu später Stund
mit meiner Frag euch aufgeschreckt.
So spürt doch, wie mir Herz und Mund
nach Bitternis der Myrrhen schmeckt!

Wir suchen alle nach dem Kind,
und jeder klopft an anderm Tor:
weiß keiner, ob er die noch find't,
die er am Weg verlor.

DER GRÜNDONNERSTAGENGEL SPRICHT

Wach auf, du ungetreuer Christ!

Daß ihr doch immer schlafen müßt!
Die Welt ist voller Angst und Weh,
wohin ich schau: Gethsemane . . .
Der letzte Ölbaum ist verdorrt,
verfault der Zaun. Schon dröhnt der Mord
heran im grellen Fackellicht,
und Judas – der erhängt sich nicht.
Steck ein dein Schwert, verschlafner Tor,
dich selber triff, nicht Malchus' Ohr!
Verleugnet vor den Henkern steht
die Liebe, eh der Hahn noch kräht.
Der Kelch in meiner Hand ward schwer,
und einer trinkt ihn nimmer leer.
Trink mit! Klag nicht den Schächer an,
frag lieber, was man ihm getan.
Und sagst du auch: „Ich tat ihm nichts,"
es zählt am Tage des Gerichts
nur, was du für den Bruder tust.

Weh dir, wenn du noch länger ruhst!

DER HAHN

Als er erwachte, sah er den Verrat
geduckt und flüsternd um das Feuer stehn,
und sah die Schergen nach dem Werkzeug gehn
und sich bereiten zu verruchter Tat.

Und eine Stille stand vorm Hohen Rat . . .
Den Vorhang am Palast sah er sich blähn,
und sah den Jünger sich verlegen drehn,
wie er bei Weib und Knecht um Glauben bat:

und da verdroß ihn jäh sein Amt zu krähn.

AM KARFREITAG

Wir haben nicht gewacht, mit ihm zu beten,
die Angst hat in die Häuser uns gekehrt.
Wir hörten, wie sie johlten und ihn schmähten,
und als sie nach der Richtstatt ihn gezerrt,
sind wir nicht einmal vor das Tor getreten.

Nun aber ist der Vorhang jäh zerrissen:
es schwärt die Erde, Tote klagen an.
Die Stimme schützt nicht wider das Gewissen,
die kläglich wehrt: „Wir haben's nicht getan!"
Hell peitscht uns Reu' aus trägen Finsternissen.

DER GERICHTSENGEL

(Zu einer Pfeilerfigur aus dem Straßburger Münster)

Laß mich versteint. Ich mag die Toten nicht wecken!
Ich ging durch die Städte und konnte die Lebenden nicht
entdecken:
Wildnis war.
In den Häusern wohnte das Gras. Aus den Fenstern sahn
Purpurdistel und gelber Löwenzahn.
Vor den Toren wucherte graues Nesselhaar.

Laß mich versteint. Was kann noch die Lebenden schrecken?
Unterirdisch bei Gräbern, in finsteren Trümmerverstecken
hausen sie.
Auf den Äckern hocken Schwärme gemästeter Krähen.
Aber die Pflüger ernten nicht, was sie säen:
ihre verfallenden Scheunen füllt Aas . . . Wer richtet die?

REDE AN DEN CHRISTEN

Wo immer du deine Arme ausbreitest,
stehst du als Kreuz vor der Welt.
Eingewachsen ist es ins Fleisch deiner Liebe,
und du spürst es auch ohne die große Gebärde:
selbst mit verhaltenen Flügeln,
im Schlaf bleibt der Vogel noch Vogel.

Du brauchst keine Fahne!
Die Welt ist voll widerwärtiger Winde,
da ist es genug, wenn dein Haar weht.
Man sah schon zuviele Zeichen, die trogen:
wer noch ein Heil bringt,
birgt es still in den Händen.

Nenn auch den Namen nicht eitel,
den du nimmer ergründest!
Das Geheimnis des Menschen
ist der gemäße Auftrag.
Wo sie den Glauben verweigern,
ist es Zeit, daß du handelst!

Hoffe nicht, dich zu bewahren,
eins nur gilt: sich bewähren!
Auch im niedrigsten Zelt,
im dunkelsten mußt du hausen,
auf den Stufen der Bettler,
zwischen den Malen des Unrats.

Wer mit den Säufern nicht trinkt
und nie im Bett des Verhurten
schlief oder heimlich mit Dieben
schlich, wer das Messer des Mörders
niemals in Händen hielt,
versteht nicht die Angst dieser Erde.

Und keiner, den Gott nicht verlassen,
der den Kuß des Verrates
und die Galle des Zweifels
nie geschmeckt hat, kann heute
Bruder sein den Verlornen.
Denn sie mißtraun mit Recht:
Aufruhr erstickt nicht die Herzen,
aber das Fett der Trägheit!

Es kann sein – unterwegs –
daß du den Namen vergißt oder verlierst,
ihn verwirfst als ein fremdes Gewand,
das dich trennt von den andern,
und hingehst, nackt unter Nackten.
Aber das Kreuz in dir
ist nicht zu entwurzeln und zwingt dich
jäh aus der Schmach, am Markt oder mitten im Schlafe:
daß du aufbrichst zur Richtstatt
und es den Schlächtern bezeugst.

WINTERS VOR EINEM GEBORSTENEN GEKREUZIGTEN AM WEGRAND

(Für Ludwig v. Ficker)

Einst hat die Lanze des Römers dein Herz zerrissen,
hier zersprengte der Frost dir den ganzen Leib,
und du wirst noch Schlimmeres dulden müssen,
Bruder unser an den Wegen. Doch bleib!

Mancher geht und hat auf der Welt nicht einen,
der ihm den Spalt einer Türe offen hält,
und man bückt sich vor ihm nur nach den Steinen,
und das Sterben wird ihm wie dir vergällt.

Diesem weis' deines Leibes klaffende Wunde!
Wenn sie ihn auch kein Obdach finden läßt,
irgendeinmal in einer bedrohten Stunde
sucht darin die flatternde Seele ihr Nest.

Mancher höhnt dich, denn so wie du hängt keiner
an dem Galgen und vor den Stürmen nackt.
Aber immer einmal wird auch irgendeiner
von der Schande seiner Hüllen gepackt.

Und die Himmel, die du um uns verlassen,
sinken leise nieder aus ihrer Höh',
und sie werden den Liebenden still umfassen
und ihn heilen mit unirdischem Schnee.

LARGO

DAS GEDICHT

Sie sehn den Wuchs, das Schwebende im Licht.
Wer aber ahnt die Haft gekrümmter Wurzel:
dies furchtbar Horchende, das sich ins Dunkel krallt,
es zu verwandeln?

Sie brauchen Schauder, doch von fern.
Zu nah wär' Wissen ihnen tödlich.
Und barmherzig verhüllt das Gleichnis.

Wort und Bild:
sie stehn als Wächter vor den stummen Pforten
des strengeren Reichs;
fast Rune schon, geheimnisvoller Schlaf,
der unter seiner Schönheit zartem Lid
den Abgrund birgt.

LÖWENZAHN

Da schlug er die Augen auf,
schuldlos und schön.
Es weinten die Wiesen.

Sprachlos vor Glück
standen die Bäume im schimmernden Tau.

Er aber staunte
immer aufs neue,
daß sie kam:
die herrliche Sonne!

JUNI IN SCHÖNBRUNN

Sieh den Sommer, wie er in den alten
Lindengärten hingeht, mit den Bienen
innig redend unter grünem Wind.

Auf besonnter Steinbank ruhn verflogne
Falter und der Algengrund der Teiche
glüht vom Goldgespinst ertrunknen Lichts.

Vögel nisten im Verborgnen. Innerst
tönt Gesang. Und strömend unter Schatten
öffnet sich geheimer Quellenmund.

Schöne Götter mit behelmtem Haupte
lächeln aus der Fremde kühlen Laubes,
Blütenbüschel überm blinden Blick.

HEIMWEH NACH DEM SOMMER

Wann wird der Sommer wieder durch den Bergwald gehn,
der junge Riese mit den Silberhaaren,
dem kühlen Blick der Quellen und dem Atem
verborgner Beeren?

Wann wird er uns das süße Herz der Silberdistel
zu kosten geben und den Trunk aus blauen
Kelchen des Enzians, der wie Duft entschlafener
Küsse mundet?

Wann wird er die erstarrten Tränen herben Harzes
aus Fichtenrinden lösen und die Lippen
mit ihrer Bitternis uns heimlich weihn?

Wann wird ihm wieder das Vertrauen scheuer Tiere
auf goldnen Pfaden folgen, wo die Schwermut
ihm innig feuchtet das besonnte Moos?

MITTAG IM AUGUST

Irgendwo trottet jetzt der schwarze Eber zur Tränke,
aus den Tümpeln schlürft er die gelbe Sonne,
und die Winde schmecken nach Moor – uralt.

Das Licht ist schwer. Wie lang noch tragen's die Wälder?
Schon brechen die Wipfel und aus den Kronen prasselt
unaufhörlich der Eichelregen.

Im Felde dengelt der Schlaf die blitzende Sense,
dann rauschen schwere Schwaden. Vor seinem Schwung
stürzen wir hin mit gebrochnen Gelenken.

DER ALTE AUF DEM KIRCHHOF

Sinnend sitzt er unter dem Holunder
an der alten Mauer, und des Pfarrers
Bienen brausen dunkel ihm ums Haupt.

Und die Sonne brodelt in den Körben,
draus der Honigseim in braunen Bärten
duftend in die goldne Stille rinnt.

Falter glühen purpurn und erlöschen
überm bunten Flor der schmalen Hügel,
Silbernetze schmücken Kreuz und Tor.

Draußen singen Kinder, gehen Sensen,
und im Takt der Drescher dröhnen Tennen,
schmerzhaft trennt das Leben Korn und Spreu.

Doch er ruht geborgen schon bei Toten:
süß ist das Geheimnis strenger Waben,
Königskerzen hüten seinen Schlaf.

AN DEN REGEN

Rauschender im Gezweig,
o wie löst du des Leids
herzverborgenen Quell,
daß im verdorrten Auge
wieder die Träne, die milde, rinnt!

Ach, schon welkte das Moos
in den Wäldern und starb.
Aber nun fällt dein Haar
über die Flur und schimmernd
hängt es im Laub, und es glänzt das Gras

Schöner noch singst im Strom
du, wo Weidengebüsch
silbern die Ufer verbirgt
und im Nachen dein Bruder
überfährt, der tröstliche Schlaf.

AN DIE TRAUER

Dunkle Schwester der Freude,
o wie blüht dir die zarte
Sichel des Monds im Haar!

Sanfter sind deine Brüste
als die Lieder des Regens,
wenn du mit milden Tränen
wieder die Herzen tränkst.

Siehe, dein ungestümer
Bruder Schmerz brach die Reben,
doch schon bindest du weise
sie mit heilender Hand.

Brunnengrund du des Lebens,
schön entsteigt deiner Tiefe
das verborgne Gestirn!

Einmal löst sich der schwere
Mantel dir von den Schultern
und du leuchtest als Güte
wie ein stiller Abend der Welt.

ODE AN DIE VERLASSENHEIT

Du Gefährtin der Jahre,
da die Wabe des Herzens
immer süßer vom wilden
Honig des Wehs mir quoll!

Tratest aus allen Häusern
her und offenen Türen,
aus entfremdeten Spiegeln
sahst du fragend mich an.

Decktest frierend die Brust
dir mit brennenden Nesseln,
wachend lagst du am Herzen
mir die endlose Nacht.

Oftmals wollt ich entfliehn,
doch deine furchtbare Treue
holte mich ein und trat
streng noch ans Lager der Liebe.

Ach, du löstest mich los
aus allem, nahmst mich mir selber.
Einer reineren Sonne
hast du mich tödlich geweiht.

Und wir schliefen am Feld
im Tau der eisigen Sterne.
Mählich reifte der Geist
klarer in deiner Zucht.

Siehe, da kamen die Tiere
und die Bäume. Der Himmel
wuchs mit riesiger Bläue
glühend mir um das Herz.

Und es füllte die Leere
sich mit heiligen Bildern.
Unter flammendem Siegel
gehn nun die Jahre dahin.

ODE AUF DAS L

Innig laß mich dich loben,
Laut verborgener Seele,
blühend vom Anfang des Lebens
in das Ende der Qual!

Himmlisch trägst du das „i" des
Lichts, du Leises der Liebe,
holder Flügel der Lust,
Schwereloses im Lied!

Hilfst die Last des Alleinseins
schön zu lösen in Stille,
lächelst heiter im Spiel,
bildest leichter die Pflicht.

Und am Quell der Legende
labst du freundlich Verlassne,
selbst dem strengen Altar
bist du milde gesellt.

Du im Dunkel des Blutes
Glanz verlorener Helle
und im Welken der Hauch
süßer Melancholie!

Heimlich füllst du die Leere
uns mit göttlichen Bildern,
tröstlich lenkst du das Herz
aus der Wildnis der Schuld.

Bleibst im Schrecken der Kelter
noch als seliges Hoffen:
heilige Perle der Läutrung
in den Muscheln des Leids!

PARABEL

Hoch hängen die Vogelkirschen im weglosen Wald
Ihr Geschmack ist wild:
je röter sie brennen, je herber.
Du mußt warten können auf die schwarzen
und wirst sie vielleicht nie erreichen,
auch wenn du zur Zeit vorbeikommst.
Die Vögel haben es leichter.

Mit dem Glück ist's nicht anders:
fliegen mußt du!
Der Sommer hängt voll Beute,
doch darf dein Gaumen das Bittre nicht scheu'n:
dann erst schmeckst du die Süße!
Auch was sich schenkt, bleibt Raub,
und karg ist das Fleisch um die Kerne.

Wissen mußt du: du kannst nicht sparen.
Verzehrt ist verzehrt!
Wenn der Winter kommt,
frieren wir alle in leeren Sträuchern . . .

DER HINTERHOF

Er ist alt geworden. Am Tag kommt das Grün des verschnittenen
Baumes,
des einzigen, wider die Räude der kahlen Häuser nicht auf.
Doch morgens, eh noch der Schuster den säuerlich duftenden
Bottich
und der Friseur die trüben Eimer voll faden Parfums
ins Rinnsal leert, und der giftige Sprühlack der Werkstatt,
Benzindampf
der schweren Autos den engen Atem der Winkel verdirbt,
leuchten die Balsaminen im kargen Beet um den Stamm, und
die Winden öffnen sich festlich. Zwischen den buckligen Steinen
sproßt jungfräuliches Gras wie der Flaum eines eckigen Knaben.
An geschundener Mauer prunkt jährlich breiter der Weinstock
traubenverheißend, doch niemand hofft mehr auf Ernten: im
Herbst sind
längst alle Früchte verkümmert und nisten bräunlich im Schatten.
Sonntags spielen die Katzen in seiner besonnten Stille,
und Mädchen trocknen ihr schimmerndes Haar für den Liebsten
am Abend.
Behängt mit intimsten Wimpeln tanzt eine Leine im Winde
umlärmt vom Spatzengesindel, und eine fußlahme Alte
entschläft überm Nadelgeklirr des Strickstrumpfs und wandert
weit fort
ins vergessene Dorf ihrer Kindheit. Abends singt oft ein Kind
tapfer wider die Ängste der schleichenden Dämmerung an,
bis aus der Höhle der Nacht der betrunkene Riese hervorgröhlt.
Doch auf die Dauer vermag auch er nichts wider die Sterne:
die struppige Krone des Baums rauscht meerhaft auf aus der
Schwärze,

im Nachbarhof steigen die blinden Mauern des Häuserblocks
auf wie Bordwand und Bug eines mächtigen Schiffs; unterm sausenden
Maste des Himmelsgewölbs fahren wir ein in den Traum.

MITTERNACHT

Spürst du's? Die Jäger sind endlich eingeschlafen.
Alle innigen Tiere gehn heiter und frei.
Schuldlos wiegen im Farn sich die entglittenen Pfeile.

Nur die Wasser rinnen noch durch die Stille.
Leiser über mein Herz, du nächtiger Strauch,
neig dich, daß nicht die Jäger zu früh erwachen.

Bald schon färbt der Mogen die Wiesen rot!

JAHRESZEITEN

Und Nacht für Nacht fiel Schnee vor meinem Fenster,
er fiel so leise wie verschwiegne Trauer.
Am Morgen war mein Garten ganz verschneit.

Ich weiß nicht, wo du schliefst. Gewiß war Frühling
in fremden Gärten. Alle wollen blühen.
Die Liebe lebt vom Wunder, nicht vom Recht.

Für jede Stunde, die du fern warst, hob ich
dir eine Flocke auf. Ich find sie nimmer.
Nun wird es wohl vor fremden Fenstern schnei'n.

LIED

Schöner nicht taucht die Erde
aus dem Bade des Regens,
als aus Tränen der Liebe
selig das Herz sich hebt.

Größer neigt kein Abend
sich dem Rauschen der Ströme,
als im Atem der Liebe
Herz dem Herzen sich neigt.

Stiller weht kein Falter
durch den goldenen Mittag,
als die Stunde der Liebe
über die Schwelle tritt.

BITTE

Siehe, es scheidet der Tag,
hingeht die Nacht mit den Sternen.
Alles ist Wandel, nur eins
bleibt: das einsame Herz.

Aber eh' du mich läßt,
schließ mir leise die Augen,
leg auf den Mund mir Mohn
ewigen Schweigens. Dann geh.

Hinter dir lösch die Sterne!
Blind sei die Nacht, wenn in Tränen
unaufhaltsam das Leben
mir vom Herzen rinnt.

LARGO

Bei den Wurzeln zu ruhn,
tief gestillt wie die Toten!
Riesig wölbt sich die Bläue
über dem Abgrund der Schau.

Droben wandern die Bilder,
Wind rührt goldene Gräser,
aber das Herz steht still
wie die Wolke im Licht.

Lust und Schmerz sind dahin,
fern vertönen die Glocken.
Purpurn blüht um den Mund
nun das Schweigen wie Mohn.

Schon verglüht auch der Tag.
Es warten verborgene Sterne.
Und an erfüllten Lidern
hängt wie braune Bienen der Schlaf.

EINSAMER MITTAG

Fern verhallt das satanische Meckern der Ziegen.
Furchtbarer Pan, ich hab mich im Dickicht verstiegen!
Zwischen den glühenden Gräsern an meiner Wange
spür ich sie züngeln: Stille, die lidlose Schlange.

HYMNUS AN PAN

Pan, Pan! O du heimlich Wiedergekehrter,
der du, aus deinen Wäldern vertrieben
vom Lärm der Krieger und von Asketenchören,
lang in den alten Höhlen der Berge schliefst:
schön trittst du hervor, Verborgner!

Bist du verwandelt? Wo blieb dir an der Stirn das Horn?
Warfst du's nicht lachend hoch in die Lüfte, da du erwachtest?
Und schon schwindet's als Mond schmächtig über dem Tal.
Auch dein zottiges Fell fiel ab wie von braunen Früchten
im Herbst die stachligen Schalen. Es sprangen die Hufe
dir von den tanzenden Füßen verloren ins Moos.

Pan, Pan! Ganz nun Gott mit dem bronznen Leib,
dem Blick des erstaunten Rehs und den goldnen Funken
geheimer Sonnen am Grund, den grünen Schatten der Farne
und des fächelnden Laubs um Stirn und Schläfen und Wangen!

O ihr Röten des Munds! War ich vor Zeiten nicht Falter
über üppiger Glut schwellenden Beerengesträuchs?
Lockiges Blühn des Haars und leise Schwermut der Bläue
hinter verwirrtem Fall. O warmer Atem der Erde
her aus der dunklen Brust! Doch überm Bogen der Schultern
weht die himmlische Kühle des Winds.

Pan, Pan! Pochendes Herz der Wildnis,
Lied und Fährnis der Pfade einsam hin durch die Stille!
Hebt an heiliger Lende wieder die Schlange das Haupt?
O du lächelst! Und ferne stürzen die Katarakte
endlos aus schäumenden Fels zum Schoß der gewaltigen Ströme
nieder, und rauschender Regen stillt die Tiefen des Meers.

Pan! Wer rief? O mir träumte Tod. Nun sind wir beronnen
mit dem Bittern der Wiesen, schwer vom Duft des Korns.
Und es löschte der Abend streng den Weg nach den Dörfern.
Leuchtend füllt schon die Lider Mohn des fremden Gestirns.

DIE NACHT

Wieder ziehn die goldenen Bienenschwärme
über die atmenden Wälder und das riesige Meer,
und die Städte warten wie dunkle Waben
auf den Honig der Stille.

Liebende schiffen bekränzt die alten Ströme
hin zur Mündung. Herrlich rauschen die Tiefen
Blut und Geist. Und es gehn die schönen Gesänge
an betauten Ufern zur Ruh.

Weiser Schlaf der Berge redet im Wohllaut
sanfter Brunnen. Aber im Wind wächst Klage.
Boten reiten kühn durch erzenes Dunkel.
Wächter fallen am Rand der Schlucht.

AN DIE LIEBE

Wandernde seit Anbeginn! Nahst du wieder
meiner Hütte? Sieh die Demut der Schwelle
reinlich warten. Drinnen atmet die Kühle,
leuchtet aus der Dämmrung das schlichte Mahl.

O, wie runden sich schön die ernsten Brote!
Innig träumt die fromme Leere der Schalen,
Stille duftet aus dem wölbigen Krug.

Auch das Lager ist schon lange bereitet.
Dunkel reift die Nacht aus horchenden Herzen.
Botensterne treten heilig ins Fenster
und zu Häupten blüht der dornene Kranz.

DEIN ANTLITZ

Wie könnt ich dein Antlitz jemals vergessen?!

Ich lese darin wie im Fels:
das Schicksal unsres erkaltenden Gestirns,
wie in der Rinde: die Legende des Baumes,
wie in der runzligen Haut des Elefanten:
die Schauder der Urwelt.

Aber zu wem denn soll ich
reden von dem Geheimnis
solcher Schönheit?
Menschliches Maß ist Glätte.

Also erzähl ich es Gott.

LEGENDE

Sie hat an sein ergrautes Haar gedacht:
das Moos verwittert und der graue Stein,
der Wolf haust einsam im erfrornen Wald.

Sie hat an sein verstörtes Herz gedacht:
ein Mensch trat ein in ein verfallnes Haus,
da lallt im Hof verschüttet noch der Quell.

Sie hat an ihre jüngste Nacht gedacht:
da lag sie wie die Norne alt und wach,
er aber schlief im Schoß ihr wie ein Kind.

SCHLAFLOS

Der Regen geht durch die Stadt, der böse Trommler der Nächte;
auf Dächer, Straßen und Laub schüttet er schwarzen Glanz.
Die Lampen tanzen für ihn; sie baumeln an finsteren Drähten
über die Leere gespannt zwischen den Häuserreihn.
Dahinter wälzt sich der Schlaf und die Liebe ist gurgelnd ertrunken.
Nur ein triefender Gaul trabt noch vorbei als Freund.

BITTE AN DEN TOD

Wart noch ein Weilchen, ehe du eintrittst: laß
dein Stundenglas mit dem Sand der Vergeblichkeit
bei mir. Ich hör ihn rinnen alle Tage,
doch den Sterbenden ist's kein gutes Geräusch.

Laß auch die Sense da, denn es gibt hier nichts
zu ernten. Sie zerspränge nur an dem Stein
der Bitterkeit, darunter dieses Leben
mit vergehendem Atem gräßlich sich wehrt.

Und geh nicht nackt. Als Mantel nimm meinen Schlaf.
Er ist zerlumpt, doch war er der letzte Trost,
der meiner Armut blieb. Ich werde wachen
bei den Dingen der Unerbittlichkeit.

DIE STERBENDE

Was steht ihr da und wartet? Ausgespien
hab ich die Süße der Vergänglichkeit.
Ihr aber meint, daß ich das Leben schmäh'.

Ich preis es. Ihr versteht noch nicht mein Tun.
Ich fülle mir den Mund mit seiner Frucht.
Nun schmeck ich's ganz: o reine Bitternis!

GEGENSTÜCKE

Beraubter Orpheus:

Die Leier seines Herzens war zerbrochen,
seit sie der Hades nimmermehr entließ.
Und was er tönend noch aus seiner starren Maske stieß,
klagte medusenhaft von Schlangen überkrochen.

Und keiner seiner späteren Geliebten
sah er ins Antlitz. Blind in ihrem Schoß
lag er in nieversiegter Trauer um die Tote bloß
und wartete, daß sie ihn endlich in Vergessen wiegten.

Eine seiner späteren Geliebten:

Sie ahnte alles. Die verschwiegne Frage
wuchs perlengleich auf ihrem tiefsten Grund.
Sie wurde Muschel seiner stummsten Klage
und fiel als Lied von seinem qualverzerrten Mund.

Wenn er dann wie ein Fremder fortgegangen
und sie in sich den Früheren gebar,
hing ihr der Nachtwind eisig um die Wangen
und jene Erste seufzte durch ihr feuchtes Haar.

EURYDIKES WIEDERKEHR

Wirst du mich, Geliebter, nie erkennen?
Untern Göttern bin ich ja entflohn.
Aber will ich meinen Namen nennen,
schreckt mich dein mänadisch fremder Ton.

Bettelnd mußt ich gehn von Weib zu Weibe,
bis dem Wagnis eine sich gewährt
und in ihrem bäurisch schweren Leibe
schwesterlich die Schattenseele nährt.

Wenn sie dir in Liebe hingegeben,
bleibst du taub dem stummen Opferschrei.
Ach, sie weiß nicht mehr, ob dieses Leben
ihres oder schon des Gastes sei.

Deines Schmerzes wütende Verblendung
leugnet sie und mich. Welch finstres Los
schleudert dich mänadisch trunkner Schändung,
Todgeweihter, in den blinden Schoß?

DER WÄCHTER

In vielen Nächten war dieses strenge Amt
erlernt: zu stehn am Rande des Alls, im Anprall
furchtbarer Stille, drin die ewigen Regen
der Sterne niederfielen um Brust und Haupt.

O Wagnis, Jahr um Jahr den Verrat zu tragen
des fremden Schlafs, wenn er dalag wahr und wehrlos
vor seinem Wachen, die erschütternden Male
des Tagverborgnen schrecklich an Stirn und Mund.

Schon mieden Richter furchtsam den reinen Blick
und Mörder staunten mit dem verlornen Lächeln
der Kindheit, wenn er kam. Die Liebenden wiesen
voll Trauer hin nach seinem silbernen Haar.

MUTTER IM KRIEG

Es rollten ihr drei Äpfel aus dem Korbe,
als sie am Feld vorüberschritt, wo hoch
der Mohn in reifen Samenkapseln stand.
Da dachte sie der Söhne und erschrak,
daß man die Körner in den fahlen Urnen
schon rauschen hörte, sah die Vögel gierig
an mürben Schalen nach Verborgnem picken
und sich die Schnäbel füllen.

Keuchend, jäh
warf sie die Arme raffend in die Früchte
und riß sie los, zerbrach die zarten Kronen,
die das Geheimnis hüteten, und ließ
aus blinden Fäusten Dunkles auf das Runde,
das ihrem Korb entfallen, niederrieseln
wie Sand, bis es das Rote ganz begrub . . .
Dann ging sie. Weinte still. Auf bleichen Haaren
das strenge Tuch, es wehte. Ohne Wind.

DER WEHRLOSE

Siehe, sie brandeten an.
Aber sein Lächeln lag
wie ein riesiger Schild
flammend vor ihrem Ziel.

Und es schrieben darin
Gestirne heilige Zeichen.
Golden brach aus dem Wald
der geläuterte Strom.

Tiere hoben das Haupt
auf vom schimmernden Rande.
Göttlich traf und geheim
sie der staunende Blick.

Da zerbrachen die Waffen,
Furcht verbrannte die Herzen,
eine schreckliche Scham
stieß sie jäh in die Nacht.

DER GEÄCHTETE

Anders war dieses Maß der
stillen Gräser und Bäume,
heilig lebten die Tiere
und gehorsam der Not.

Im Gesetz der Gestirne
gingen Monde und Jahre,
längst verlöschten die Regen
das Bewußtsein der Schuld.

Klarer hob ihn der Morgen
aus dem Bade der Quellen,
milder fand und bereiter
ihn die einsame Nacht.

Wie gereinigter Same
trieb er selig im Winde,
keiner las aus dem Taue
mehr die menschliche Spur.

Furchtlos ruhten die Vögel
ihm auf bräunlicher Schulter,
seinen leuchtenden Augen
bot sich sanfter die Frucht.

Einmal sahen ihn Kinder
fern an blauendem Ufer.
Abends noch im Entschlafen
sangen sie leise: „Wie schön . . .“

DER EINSAME

Über die Menschen hin
sieht er still nach den Bäumen
Längst entwöhnt des Gesprächs
träumt sein gütiger Mund.

Doch es reift ihm das Herz
voll von Trauer und Liebe,
jegliche Frucht des Leids
weiht ihm schöner die Stirn.

Wenn er Blumen berührt,
segnet er das Verborgne,
das aus Demut und Not
rein zum Lichte sich drängt.

In der Wolke, im Tau
liest er heilige Zeichen,
und der Brunnen bei Nacht
strömt ihm ewigen Sinn.

Aus der Weisheit der Schuld
blühn ihm göttliche Lieder,
unter Sternen im Frost
wächst sein strenges Gesetz.

DIE STILLE

Immer hörst du etwas. Aber es ist nicht der Wind.
Der ist irgendwo verirrt in den Wäldern eingeschlafen.
Auch die Meise am Hang ist's nicht, die dem Tag nachläutet,
der drüben vom Grat hinablosch in fremde, unsichtbare Täler.
Der Wagen, das schwarze Insekt, das die Flanke des Bergs entlangsurrt,
ist plötzlich verstummt, erfroren. Dein Herz, es wagt kaum zu schlagen.
Ausgesetzt ist das Ohr einer unerhörten Erfahrung:
es klagt der Raum, das Gebirg, die Gestirne vorüberwandelnd
eins am andern. Sie klagen lautlos innerste Klage,
die sich verhält. Die Schöpfung zerfiele, bräch sie hervor . . .

AUF DEM BERG

Das Herz der Gebirge ist alt,
es hat eine andere Zeit.
Alle Jahrtausende einmal
schlägt es. Die Stille dazwischen
ist die große Erwartung.

Wir sind in die Pause geraten,
den Auftakt zum Unerhörten.
Wer von uns wohl vernimmt
und erträgt ihn: den nächsten Schlag?

MONDSICHEL AM HORIZONT

AN ANTIGONE

Die du mit dem heiligen Aschenkrug
still im Anbruch bitteren Abendlands
stehst, o ferne Schwester, du trauerschöne,
kehr uns wieder in die entstirnte Nacht!

Zugemessen war dir, der Not und Schuld
Schreckensabgrund nimmer strauchelnden Fußes
auszugehn im strengen Adel der Sühne,
immer treuer ewigen Göttern ans Herz.

Reifer hat Verhängnis und Leid ins Wissen
dir gewirkt die Milde, da nichts das dunkle
Schicksal uns entwirrt als die Tat der Liebe,
unbeugsam dem angemaßten Gesetz.

Recht ist anders. Und von menschlichen Richtern
unrein flieht es mißbraucht hinab ins Schweigen
großen Tods. Dort bargst du's stolz unter Steinen,
die der Atem deiner Opferung berührt.

End es Schwester! Gib die Schmach nun der Erde,
das Gericht dem Himmel! Es zeugt Verwesung
neuen Fluch nur. Geier mästet der Unrat,
furchtbar streu'n sie die ekle Saat umher.

O versöhn die schrecklich Geprüften einmal
noch den Göttern, daß sich entehrte Hügel
neu begrünen mit dem Samen der Hoffnung.
Rett uns Schwester, reinste des Abendlands!

CORDELIA

Ich weiß nicht, ob es gut war, daß ich schwieg:
wen Ekel stumm macht, wer's verschmäht hat, sich zu wehren,
ist schuldig, wenn sie Schritt für Schritt das Recht verkehren;
er weckt Gewalt, am Ende brüllt der Krieg.

Ich hätte bleiben müssen: betteln gehn,
um Wahrheit wider Trug Verblendeten zu weisen.
Ich ließ sie rollen in den abgrundsichern Gleisen;
jetzt ist's zu spät, das Rad zurückzudrehn.

Ich stürze mit: ein Ende ohne Ruhm,
nur hell von Einsicht und nicht ganz bedeckt von Schande.
Mit meinem Untergang bezeuge ich dem Lande
des alten Rechtes neues Heiligtum.

GERICHT

Auch unter deinen Blumen, den Strahlensonnen im Dunkel
gefiederten Blattwerks, traf eine mich mit größerem Blick,
und wieder erkannt ich das goldne Zyklopenauge der Toten.

Längst schon wandeln wir fremd im Bann seines lidlosen
Schlafes:
beraubt unsrer Wirklichkeit leben wir hin als Traum
unbarmherzig verfallen seinem ewigen Gesicht.

Aber einst, wenn der letzte Entsühnte ruht in der Erde,
gereinigt vom Atem des Menschen der Wind um die Hügel fliegt,
ist wieder Blume Blume, schreckenlos schön vor Gott.

O SPRINGEN

(Als Erwiderung auf das Gedicht „Heim zu den Zwiebelchen" von Christine Lavant)

Heim zu den Zwiebelchen? Ich kann nicht heimgehn, Schwester!
Nicht zu den Zwiebelchen, nicht in die liebe Erde.
Sie warfen mich lebendig zu den Toten:
den Ungestorbenen, die nach Rache dürsten,
dient nun mein heimatloses Herz zum Fraß.

Das Kraut, von dem ich aß, zerstört den Schlaf, die Träume:
nun hör ich nächtelang die gierigen Kiefer mahlen.
Es schrumpften mir die Lider an den Augen,
und nackten Blickes schau ich alle Schrecken.
Zerfressen ist die Stimme, das Gedicht.

Faul sind die Zwiebelchen und hitzig ist die Erde,
geschändet von Verwesung all des Ungereiften,
das man ihr gab. Sie speit's zurück und mischt es
ins Leben wieder. Heimgehn? Wo? Nein, springen!
Aus allem fort! Auch aus der Wiederkehr!

O springen:
ins reine Feuer eines fremden Sterns!

PERSEPHONE NACH IHRER RÜCKKEHR ZU HADES

Du weißt nicht, wie ich meine Mutter, die Erde liebte.
Hier bei dir ist alles Dämmerung, kühl und grau.
Herrlich war's, wenn die Sonne an meinen fliegenden Haaren
zerstiebte,
meine Lippen kannten das Gras und schmeckten die Blume im
Tau.

Selbst die Nächte waren mir hell und schimmernd von Sternen,
erst hier unten erkannt ich in ihnen das strenge Gestirn.
Schnee war Gefieder der Freude, doch meine heiteren Sinne
lernen
nun erschreckt in deinem Atem sein Ewiges spüren: den Firn.

Schön war das Feuer; ich warf das verbrauchte Kraut in die
Flammen,
wenn wir tanzten auf abgeerntetem Herbstgefild.
Aber hier unter stiebenden Aschenhügeln such ich zusammen
zärtlich auch des unscheinbarsten Lebens zerfallenes Bild.

Oben waren die Tage bunt und bewegt von Zeichen
ohne Deutung. Hier unten halten die Wurzeln den Sinn.
Doch allmählich verlern ich, oben und unten dürftig vergleichen.
Weißt du, warum ich wieder gekommen bin?

GEBET AM STROM

Immer riech ich die Feuchte und spüre den Wind in den
Haaren . . .
Einmal laß nach langen getreuen Uferjahren –
hingedient in den engen Hütten unter den Erlen –
mit den Schiffern, den starken, braunen Kerlen,
mich stromab zum Meer auf bedächtigen Schleppern fahren.

Einmal laß mich die Städte der alten Völker sehen,
die aus Ebne und Wald nach der trächtigen Straße spähen,
atmen ihr heißes Korn, den Dunst ihrer wimmelnden Herden,
zeig mir die frommen, zeitlosen Arbeitsgebärden
an den Brunnen, beim Pflug und wo ächzend die Kräne sich
drehen.

Eh aus dem letzten Hafen zur Fahrt aufs Meer wir treiben,
laß noch ein Weilchen in einer vergessenen Schenke mich bleiben
und, wo mit Weinduft Tang und Teer und Erdöl sich mischen,
Todesmythen von urzeitlichen Wäldern und Fischen
als Vermächtnis auf leere Tische schreiben.

AN DEN ORION

Steig noch nicht hinab in deine Wälder!
Sieh, ein andrer jagt mich durch die Felder,
nimmer fürcht ich mich vor deinen Hunden,
töte mich! Ich kann nicht mehr gesunden.
Unterm Horizonte lange schon
lauert groß der Erzfeind Skorpion.

Warum bin ich nicht bei dir geblieben,
großer Jäger? Warum muß man lieben,
folgen einem unvertrauten Sterne?
Ach, wer fortging, bleibt für immer ferne.
Tückisch rüstet seinen Stachel schon
unterm Horizont der Skorpion.

Laß mich nicht dem Gräßlichen als Beute
großer Jäger, schick mir deine Meute!
Aber streng hast du dich abgewendet
von dem Wild, das treulos nun verendet.
Weh, den Horizont erklimmt er schon:
gift'ger Erzfeind, großer Skorpion!

DIESES GEDICHT

Dieses Gedicht gehört noch einmal der Erde,
meinem grünen, unselig geliebten Stern,
eh mein verstoßenes Herz durch die finsterste Fährde
Gottes einbricht in die lodernde Tiefe, den Kern.

Dieses Gedicht gehört den schimmernden Vliesen
ihrer Wasser und Felder, der scheuen Quelle, die lallt,
und den wilden langmähnigen Sommerwiesen,
und ihrem Riesenfittich, dem sturmhin rüttelnden Wald.

Erde, mein Vogel, wohin denn werden wir fliegen?
Erde, mein Tier, noch trägst du mich mütterlich warm.
Aber wenn nachts wir an fremden Sternen vorüberwiegen,
zückt nach der Schläfe mir schon der tödlich summende Schwarm.

Erde, schon spür ich die alten, verwandelnden Feuer
und den Sog, der schrecklich hinab ins Geheimnis reißt.
Nicht mehr den Menschen ruf ich, du hieltest mich treuer.
Hör die versagende Stimme, o Erde! Sie klagt und preist.

IN DER WÜSTE

Alle Brote sind aufgeteilt und verzehrt, die Wasser getrunken.
Nichts ist geblieben als Tag und Nacht und der Sand.
In den Zelten hausen die mit Gefährten und Tieren.
Leer bleibt das Ohr des Wandernden hinter dem Wind.

Aber er geht noch immer und sucht die verlöschte
Botschaft zwischen den windgehorsamen Hügeln,
bis er hinsinkt und sein Mund vom Geringsten
dieses Sternes kostet und endlich schmeckt:

die vergebliche Härte der Gebirge
und das Salz der mählich schwindenden Meere,
Wildflucht, Samenfall, Anflug der Vogelschwinge
und die arme, mühsame Menschenspur.

Wie das nährt! Schon dringt ihm die knirschende Demut
ein ins Blut und treibt durch verdorrte Adern
Völker, Städte, längstvergangne Gestirne
unaufhaltsam in sein winziges Herz.

Und es wächst, überwächst ihn selbst und die Wüste.
Und inmitten erhebt sich plötzlich einer,
der nicht kam, wenn man rief, und geht mit dem Schritt des
Sandsturms
über die ewigen Dünen und faltet sie neu.

MONDSICHEL AM HORIZONT

Laß mich noch einmal heimgehn in die alten Apfelgärten
zu Gras und Frucht am mütterlichen Hang,
gib von den frommen Sommern, die mich einstmals nährten,
mir eine Abendstunde noch vorm Untergang.

Schon längst gehör ich ja zum Straßenvolk, das vor den Zäunen
in eine Fremde ohne Gnade geht
im bittern Staub, der wirbelnd vor verratnen Scheunen
sich wie das Flammenschwert des Wächterengels dreht.

Ich will ja keine Frucht mehr brechen von den heiligen Ästen;
dem Schuldigen sind alle längst verwehrt,
unstillbar wird mit jeder er die Schlange mästen.
Ich will nur noch den Anblick: schön und unversehrt.

Besitz ist Biß, der tötet. Was ich noch verlange,
ist: einmal wieder im Gehorsam sein,
ein wenig Moos vom treuen Stamm für meine Wange
und endlich für mein Herz die Sichel, scharf und rein.

BESITZ DES MENSCHEN

Was ist uns geblieben? Zu Häupten die Sterne, die unnahbar fremden,
unter den Füßen die Toten, das wilde kindliche Gras
und im Herzen die Schuld, die ruhlos lebendige.

NACHWORT

Überblickt man, ausgehend von dem hiemit wieder vorgelegten ersten Gedichtband „Der Regenbaum“ (1951), die ganze lyrische Produktion der Dichterin Christine Busta — „Lampe und Delphin“ (1955), „Die Scheune der Vögel“ (1958), „Die Sternenmühle“ (1959), „Unterwegs zu älteren Feuern“ (1965) und „Salzgärten“ (1975) —, muß man über die innere Folgerichtigkeit und Ausgewogenheit dieses Werkes staunen. Ungenau lesende und voreilig urteilende Kritiker haben zwar versucht, Christine Busta als „Dichterin einer heilen Welt“ abschätzig zu relativieren. Gegen den Vorwurf, sie versuche Abgründe zuzudecken, lassen wir lieber ihre Verse selber sprechen. So heißt es in dem Gedicht „In der Morgendämmerung“:

„Ich weiß, daß furchtbare Asche regnet auf unseren Stern,
und es fällt auch viel Asche auf die Herzen.

Der Tod ist nahe,
der Atem des Lebens geht leise,
und reicht er dir auch nur vom Mund
bis zum armen Gesicht eines Nächsten,
du kannst noch die Asche bewegen,
noch mit dem schwindenden Hauch
dem Anflug der Gräßlichen wehren.“

Die Welt dieser Dichterin, bevölkert von Abgeschriebenen, Ausgesetzten, Verlassenen, Ungetrösteten, ist eine Welt voll Unheil, die aber nach Heil verlangt. Christine Busta will diese Heillosigkeit nicht noch vergrößern und weigert sich, die wirkliche Angst, Trauer und Verzweiflung zur irdischen Hölle umzustilisieren — darin gefällt sich ein nicht geringer Teil der zeitgenössischen Literatur —, sie will vielmehr die in den Menschen verborgenen heilenden Kräfte aufrufen und Katharsis bewirken.

„Wer noch ein Heil bringt, birgt es still in den Händen“,
rät die Dichterin in der „Rede an den Christen“, dem sie freilich zuvor eingeschärft hat:

„Wo immer du deine Arme ausbreitest,
stehst du als Kreuz vor der Welt.“

Gewiß, dieser Dichtung mangelt der emanzipatorische Zungenschlag, das marktgängige Pathos gegen „Herrschaftsstrukturen“ und „Entfremdung“ des Menschen. Christine Busta fürchtet vielmehr, daß auch noch im humansten Gesellschaftssystem die Unglücklichen nur in andere Ecken gekehrt werden. Gerade dort sucht sie aber der Spürsinn der mitleidenden Dichterin und auf verleiht ihrem Schmerz und ihrer Verlassenheit eine Stimme, die dem Leser die apokalyptische Situation, in der wir leben, bewußt macht und ihn zu bedingungsloser Liebe erwecken will.

„Ehe die Bombe war,
war'n die Stimmen der Kinder.
Wenn sie nicht deutlich genug sind,
wie dürften wir leben?“

Aus: „Ihr müßt deutlicher werden!“

Die andere Seite der Welt dieser Dichterin ist die Erde selber, so wie sie aus Gottes Händen hervorgegangen, ist „Leben auf diesem Stern“ auch im Bewußtsein kosmischer Bindung. In einem Brief an ihren Verleger heißt es: „... Und um der Wahrheit willen muß ich gestehen, daß ich nicht nur ein wirklicher Christ sein möchte, sondern mit einem Teil meines Wesens immer auch ein frommer Heide bleibe ...“ Sie ist eine Mystikerin der Kreatur und des Kreatürlichen, darin einem Charles Péguy verwandt. Sie ist ergriffen von der Sakralität, die dem Dasein als solchem schon innewohnt. In ihrer Dichtung, die sich als völlig unberührt von neuzeitlichem Hedonismus erweist, stehen die Ahnungen, Mythen und Symbole der alten Heiden in kreuzförmiger Spannung zur „Neuen Erde“ und zum „Neuen Himmel“. Christine Busta bleibt mütterlich hinabgebeugt, fühlt sich kindertraulich hineingeholt in die Welt der Kinder, der Mütter und der kleinen Leute, in die Welt der Tiere, Pflanzen und Steine, der Wolken, Winde und Wasser. Diese Dichterin lebt aber auch in der Allgegenwart der Toten. Sie ist ebenso daheim im kargen Alltag wie in der Geisteslandschaft eines weltoffenen, spätbarocken Österreich. Sie bejaht Volksfrömmigkeit und hat Humor. Sie vergegenwärtigt gleichnishaft Gestalten und Situationen des Alten und Neuen Testamentes, um die Menschen unserer Tage in ihrer Lebens- und Glaubensnot zu trösten.

Seit „Der Regenbaum" zum erstenmal erschienen ist, sind Christine Bustas Gedichte erlittener und spruchhafter geworden und ihre Sprache durchsichtiger, strenger. Manche Gedichte der letzten Bände erschließen sich in ihrem bild- und lautgewordenen Sinn erst durch Meditation. Die verschiedenen Techniken, die ihr dichterischer Kunstverstand verwendet, dienen nur einer größeren Intensität und Zärtlichkeit des Sagens.

Mit dem auswählenden Zitat aus einem unveröffentlichten Gedicht der letzten Zeit möge dieser kurze Hinweis auf Geisteshaltung und Werk Christine Bustas beschlossen sein:

„An den Wänden meiner heimlichen Kirche,
die ich mir selber mit Bildern ausmale,
sind sie alle erlöst beisammen.
Der gute Hirte neben dem zottigen Pan,
. . . .
der verlorene Sohn im Gespräch mit Odysseus,
. . . .
Sankt Franziskus — singend mit Orpheus,
. . . .
Auf dem Altarbild reicht
Veronika dem Judas das Schweißtuch
gegen den Strick der Verzweiflung."

Aus: „Die andere Kirche"

Innsbruck, 12. Mai 1977 — Ignaz Zangerle

INHALT

DAS ANDERE SCHAF

LARGO

MONDSICHEL AM HORIZONT

WERKE VON CHRISTINE BUSTA
IM OTTO MÜLLER VERLAG

„Lampe und Delphin“, Gedichte. (1955), 3. Aufl. 1966.
„Die Scheune der Vögel“, Gedichte. (1958), 2. Aufl. 1968.
„Die Sternenmühle“, Gedichte für Kinder und ihre Freunde. Illustriert von Johannes Grüger. (1959), 5. Aufl. 1974.
„Unterwegs zu älteren Feuern“, Gedichte. (1965).
„Salzgärten“, Gedichte. (1975).